매너는 좋은 향기가 나요

서로의 마음에 꽃을 피우는
25가지 말과 행동

어린이 생활 사전 01 매너
타인을 배려하고 존중하는 예절
매너는 좋은 향기가 나요

1판 1쇄 발행 2023년 12월 15일
1판 2쇄 발행 2024년 6월 10일

김수현 글 · 장선환 그림
펴낸곳 머핀북 · 펴낸이 송미경 · 편집 skyo0616 · 디자인 최수정
출판등록 제2022-000122호 · 주소 (우)04167 서울시 마포구 큰우물로76 403호
전화 070-7788-8810 · 팩스 0504-223-4733 · 전자우편 muffinbook@naver.com
인스타그램 muffinbook2022 · 블로그 blog.naver.com/muffinbook

ISBN 979-11-981499-9-2 73190

책값은 뒤표지에 있습니다.
잘못된 책은 구입하신 서점에서 바꾸어 드립니다.
이 책은 저작권법에 따라 보호받는 저작물이므로 무단 전재와 복제를 금합니다.
이 책의 내용을 이용하려면 반드시 저작권자와 머핀북의 동의를 받아야 합니다.

어린이제품 안전특별법에 의한 기타표시사항
제품명 도서 | 제조자명 머핀북 | 제조국명 한국 | 사용연령 8세 이상
KC마크는 이 제품이 공통안전기준에 적합하였음을 의미합니다.

서로의 마음에 꽃을 피우는
25가지 말과 행동

매너는 좋은 향기가 나요

김수현 글 장선환 그림

머핀

우리는 왜 매너를 지켜야 할까요?

어린이 여러분, 안녕하세요!

친구들에게 인기가 많으면 좋겠다고 생각하는 어린이들이 참 많죠? 선생님은 친구들에게 인기 많은 아이가 되는 법을 잘 알고 있어요. 오랜 시간 학교에서 아이들을 가르치고 함께 생활하다 보니, 인기 많은 아이들에게서 공통점을 발견했거든요.

그 공통점은 바로 '매너'랍니다. 매너가 좋은 예의 바른 친구는 모두가 좋아합니다. 그런 친구와 함께 있으면 나를 존중해 주는 것 같아 기분이 좋거든요. 즐겁고 마음도 편안하지요.

우리는 혼자서 이 세상을 살 수 없어요. 서로 함께 도우며 살아가요. 매너는 이러한 공동체 사회에서 꼭 필요한 미덕이자 서로 간에 지켜야 할 약속이에요. 모두가 바른 매너를 갖추고 상대방을 대한다면 다툼이 일어날 리 없지요. 즉, 훌륭한 매너는 모두를 행복하게 만들어 준답니다.

자, 이제 이 책 《매너는 좋은 향기가 나요》를 펼쳐 보세요. 어린이들이 반드시 갖춰야 하는 훌륭한 매너 25가지를 퀴즈를 풀면서 배워 볼 거예요. 이 책을 끝까지 읽고 나면 여러분도 매너가 멋진 사람이 될 수 있어요. 다른 사람을 존중하고 배려하는 마음을 매너에 담아 전해 보아요.

김수현

차례

작가의 말 우리는 왜 매너를 지켜야 할까요? 4

기본 매너

01 등굣길에 친구를 만났어요 8
02 엄마가 하교한 나를 반갑게 맞아요 12
03 친구 부모님을 처음 만났어요 16
04 짝꿍이 크레파스를 찾아 주었어요 20
05 실수로 친구 발을 밟았어요 24

학교에서

06 친구가 계단에서 넘어졌어요 28
07 체육 수업 때 쓴 공을 정리하지 않아요 32
08 수업 시간에 재채기랑 기침이 나와요 36
09 선생님 심부름 중에 수업 종이 울렸어요 40
10 친구가 음식을 쏟았어요 44
11 선생님이 설명하시는데 자꾸 말하고 싶어요 48

집에서

12	혼자서 단추 잠그기가 어려워요	52
13	누나 방에 들어갈 일이 있어요	56
14	하굣길에 갑자기 약속이 생겼어요	60
15	동생이 밥을 먹으면서 계속 말해요	64
16	동생이 방문을 쾅 닫아서 놀랐어요	68

공공장소에서

17	지하철에서 나이 많은 어른을 만났어요	72
18	콧속이 간지러워서 후비고 싶어요	76
19	동생이 마트에서 뛰어다녀요	80
20	도서관에서 친구가 시끄럽게 책을 읽어요	84
21	순서를 기다리는 게 지루해요	88
22	박물관 관람 중에 친구 전화가 왔어요	92
23	엘리베이터에서 앞사람이 안 내려요	96
24	친구가 문구점 물건을 마구 흩뜨려요	100
25	영화관에서 뒷자리 친구가 의자를 차요	104

부록 1   나의 매너는 몇 점?   108
부록 2   알아 두면 좋은 나라별 매너   110

01 등굣길에 친구를 만났어요

학교 가는 길에 같은 반 친구를 만났어요. 그런데 친구랑 짝꿍은커녕, 같은 모둠을 한 적도 없어서 어색해요. 인사를 해야 할까요? 뭐라고 말하죠?

지금껏 인사한 적이 없으니 못 본 척 지나친다.

용기를 내어 가볍게 손을 흔들며 인사한다.

쑥스러우니 마음속으로만 '안녕!' 하고 인사한다.

친구가 먼저 인사할 때까지 기다린다.

정답은 다음 쪽에서 확인!

정답 2

혹시 친구가 먼저 인사할 때까지 기다릴 셈이었나요? 어쩌면 친구도 나와 같은 생각을 하고 있을지 몰라요. 그렇다면 내가 먼저 용기를 내 보는 건 어떨까요? 물론 한 번도 이야기를 나눠 보지 않았고, 같은 모둠이었던 적도 없다면 어색하고 떨리기도 할 거예요. 하지만 어색한 마음을 훌훌 떨치고 밝게 "안녕!" 인사한다면, 분명 친구도 "응, 안녕!" 하고 대답해 줄 거예요. 반대로 친구가 먼저 용기를 내어 나에게 인사했다면, 나도 반갑게 인사해 주어야겠지요?

참, 하굣길에 친구와 헤어질 때는 "잘 가, 내일 만나!" 하고 인사해 보세요. 나도, 친구도 기분이 좋고 다시 만날 내일이 무척 기다려질 거예요.

내가 먼저 인사하기

길에서 친구를 만났을 때 뭐라고 인사할지 빈칸에 써 보세요.

 인사는 나와 상대방을 가깝게 이어 주는 마법의 언어예요. 인사만 잘해도 친구의 호감을 얻을 수 있어요!

엄마가 하교한 나를 반갑게 맞아요

학교가 끝나고 집에 가는데, 갑자기 화장실이 너무 가고 싶어졌어요! 현관문을 급히 열고 후다닥 뛰어 들어갔지요. 그때 엄마가 "학교 잘 다녀왔니?" 하고 반갑게 맞아 주었어요. 이때 나는 뭐라고 말해야 할까요?

화장실이 급하니까 인사는 생략한다. 화장실로 직행!

"엄마, 다녀왔습니다. 저 화장실 급해요!"라고 재빨리 말한다.

학교는 늘 재밌는 곳이니까, 잘 다녀왔다고 굳이 말할 필요 없다.

화장실이 급한데 말을 거는 엄마가 귀찮아서 짜증을 낸다.

정답은 다음 쪽에서 확인!

정답 2

어떤 친구는 매일 보는 사람에게는 굳이 인사할 필요 없다고 생각하더라고요. 하지만 매일 보는 사람은 대개 나와 아주 가깝거나 정말 소중한 사람이에요. 매일 만나니까 내가 굳이 말로 표현하지 않아도 내 마음을 다 알 거라고 여기는 건, 큰 착각이에요. 소중한 가족, 친구일수록 기본 예의를 지키고, 진심을 담은 따뜻한 말과 인사를 건네야 해요. 이 작은 인사말이 서로를 더욱 끈끈한 사이로 만들어 준답니다. 그러니 학교에서 돌아오면 부모님께 "학교 잘 다녀왔어요." "오늘 학교 재밌었어요."라고 간단히라도 인사하도록 해요. 물론 화장실이 정~말 급할 때는 화장실부터 다녀온 뒤 인사해도 괜찮아요!

하교 후 부모님에게 인사하기

평소 하교했을 때 부모님에게 어떻게 인사하는지 빈칸에 써 보세요.
혹시 더 근사한 인사말이 떠오르나요?

깨알 매너 부모님이 집에 안 계시다면 "잘 다녀왔어요!" 문자를 보내세요. 이 작은 매너가 부모님께 안심과 행복을 선물한답니다.

친구 부모님을 처음 만났어요

친구의 생일 파티에 초대받았어요! 선물을 들고 친구 집에 갔는데, 처음 가는 낯선 곳이라 조금 떨렸어요. 친구 부모님께 인사해야 한다는 건 아는데, 이럴 땐 뭐라고 말해야 하나요?

예의 바르게 인사한 뒤 씩씩하게 이름을 말한다.

친구 옆에 서서 가만히 기다린다. 친구가 내 소개를 대신 해 줄 것이다.

처음 만나는 어른이라 부끄러우니 조금 있다가 인사한다.

정답은 다음 쪽에서 확인!

우리는 종종 다른 사람에게 나를 소개해야 할 때가 있어요. 특히 새 학년이 되면 처음 만나는 친구들 앞에서 자신을 소개하는 시간이 꼭 있지요. 그런데 친구들한테 나를 소개할 때와 달리, 어른 앞에서는 왠지 더 어렵고 쑥스럽게 느껴지기도 하지요. 하지만 어른을 보면 공손하게 인사 드리는 게 매너예요. 조금 힘들더라도 내가 먼저 예의 바르게 인사하는 태도를 기르면 좋겠어요.

그리고 친구 집에 초대받은 건 정말 감사한 일이에요. 나를 특별하게 생각하고 있다는 뜻이니까요. 이럴 때는 "초대해 주셔서 고맙습니다!"라고 덧붙이면 더 좋아요. 이렇게 밝은 목소리로 씩씩하게 인사하면, 즐거운 분위기가 더 확 살아날 거예요.

친구 부모님에게 인사하기

친구 부모님을 처음 만났을 때 나를 어떻게 소개할지 빈칸에 써 보세요.

깨알 매너   친구와 부모님이 처음 만났을 때, 꼭 지켜야 할 순서가 있어요. 바로 부모님께 친구를 먼저 소개하는 거예요. 아랫사람인 친구에게 윗사람인 부모님을 먼저 소개하는 것은 예의가 아니랍니다.

짝꿍이 크레파스를 찾아 주었어요

미술 시간에 빨간색 크레파스가 없어졌어요! 허둥지둥 찾고 있는데, 짝꿍이 크레파스를 대신 찾아 주었어요. 이때 뭐라고 해야 하죠?

친구의 눈을 보며 고마운 마음을 표현한다.

고맙지만 쑥스러우니 아무 말 하지 않는다. 짝꿍도 내 마음을 알 것이다.

짝꿍을 의심하며 탓한다.

정답은 다음 쪽에서 확인!

정답 1

많이 할수록 좋은 말이 있어요. 이 말을 자주 하면 내 주변에 친구들이 아주 많아지거든요. 그래서 이 말은 친구를 많이 만들어 주는 신기한 마법의 주문 같아요.

그 말은 바로 "고마워."예요. 생각보다 평범하고 흔한 말이어서 실망했나요? 하지만 곰곰 생각해 보세요. 우리는 생각보다 고맙다는 표현을 쉽게 하지 않아요. 속으로는 고마우면서 그 말을 삼킬 때가 훨씬 많지요. 그러나 고맙다고 말하지 않으면, 상대방은 내 마음을 절대 알 수 없어요. 아무리 작고 사소한 일이라도, 친구들에게 분명한 목소리로 "고마워."라고 말해 보세요. 그리고 하루에 한 번씩 꼭 하는 것으로 시작해 조금씩 그 횟수를 늘려 보세요. 그럼 어느새 내 주위에 나를 좋아하는 친구들이 많아질 거예요.

고마운 마음 표현하기

친구에게 고마움을 전하는 말을 빈칸에 쓰고 소리 내 말해 보세요.
이런 것도 연습이 필요하거든요.

너무 고마워!

정말 감사합니다.

도와주어서 큰 힘이 되었어.

나 네 덕분이야.

 우리는 친구의 고맙다는 쪽지 한 장, 말 한마디에 큰 기쁨을 느껴요. 표현하는 나도, 듣는 상대방도 행복하게 해 주는 감사의 말을 자주 하면 좋겠지요?

실수로 친구 발을 밟았어요

쉬는 시간에 친구랑 놀다가 실수로 친구의 발을 밟았어요. 친구의 하얀 실내화가 거뭇거뭇 더러워졌지요. 이럴 땐 어떻게 해야 할까요?

크게 다치지 않았으니 어물쩍 넘긴다.

이런 사소한 일로 사과하면 친구가 나를 만만하게 볼 것이다. 그냥 가만히 있는다.

진심을 담아 곧장 사과한다.

정답은 다음 쪽에서 확인!

정답 ③

교실에서는 선생님 한 분과 많은 친구들이 함께 생활해요. 큰 학교는 한 반에 서른 명이 넘기도 하니까 꽤 많은 사람들이 모여 있는 곳이지요. 그래서 크고 작은 사고가 종종 일어나기도 해요. 친구의 발을 밟는 것처럼요. 여러분은 친구가 내 발을 실수로 밟으면 어때요? 실수니까 괜찮다고 생각하는 사람도 있을 거예요. 하지만 어떤 사람은 오늘 처음 신고 온 새 실내화가 더러워져서 기분이 안 좋을 수도 있어요. 또 새 실내화가 아니더라도 밟힌 발가락이 꽤 아팠을 수 있고요. 이렇게 사람들은 저마다 생각이 달라요. 따라서 내 실수가 아무리 작고 사소하더라도 일단 사과부터 하는 것이 맞아요. "미안해. 실수였어."라는 단 두 마디 말로 친구의 불쾌한 마음을 사르르 녹일 수 있답니다.

미안한 마음 표현하기

친구에게 미안했던 일이 아직 마음에 남아 있나요?
빈칸에 미안한 마음을 표현하는 말, 사과의 말을 적어 보세요.

 사과는 잘못을 인정하고 뉘우치는 행동으로 때로는 큰 용기가 필요해요. 처음엔 힘들 수 있지만, 입장을 바꿔 생각해 보면 내가 어떻게 행동해야 할지 선명히 보인답니다.

친구가 계단에서 넘어졌어요

쉬는 시간에 친구와 도서관에 가는 길이었어요. 그런데 앗! 친구가 갑자기 계단에서 삐끗하며 넘어졌어요. 어떻게 해야 할까요?

넘어진 모습이 우스워서 깔깔 웃는다.

친구가 괜찮은지 물어본다. 많이 다쳤다면 선생님께 도움을 청한다.

친구가 넘어진 게 부끄러울까 봐 못 본 척한다.

아파도 참을 줄 알아야 한다고 알려 준다.

정답은 다음 쪽에서 확인!

정답 ②

우리는 종종 크고 작은 사고를 당해 다치기도 해요. 자전거를 타다가 넘어져서 무릎에 상처가 생길 수도 있고, 종이에 손가락을 베일 때도 있어요. 이렇게 여러분이 다쳤을 때, 친구가 나에게 어떤 말을 해 주면 좋겠어요? 친구가 아파하는 내 모습이 우습다며 깔깔댄다면 너무너무 화날 거예요. 나는 걸을 수 없을 만큼 아픈데, 친구가 빨리 오라고 재촉하면 서운할 테고요.

그러니 이럴 때는 먼저 친구가 괜찮은지 물어봐 주고, 필요하다면 보건실에 같이 가 주거나 선생님께 친구 대신 말씀드려야 해요. 그런 다음 친구의 속상한 마음과 아픔을 공감해 주고 따뜻한 말을 건네면 좋겠지요? 아마 친구는 여러분의 따뜻한 말과 위로에 금방 훌훌 털고 일어날 거예요.

다친 친구 위로하기

내가 다쳤을 때 걱정해 주던 가족이나 친구의 말을 떠올려 보세요.
큰 위로가 되었던 그 말을 빈칸에 적어 보아요.

깨알 매너 아픈 친구에게 무슨 말을 해야 할지 몰라 쭈뼛거리는 친구도 분명 있을 거예요. 그럴 땐 곁에 함께 있어 주고 가만히 손잡아 주는 것만으로도 큰 힘이 돼요. 감정이 잘 담긴 신체 언어도 중요한 매너 중 하나랍니다.

체육 수업 때 쓴 공을 정리하지 않아요

체육 시간에 공 주고받기 연습을 했어요. 땀이 뻘뻘 나고 목이 너무 말라요! 체육 시간이 끝나자 모두 물을 마시러 교실로 뛰어가네요. 그런데 돌아보니 선생님 혼자 많은 공을 정리하고 계세요. 이럴 땐 어떻게 해야 하죠?

선생님은 어른이니까 혼자서 거뜬히 정리할 수 있다.

옆 반이 또 공을 쓸 수 있으니 선생님께 그냥 공을 두고 가자고 말씀드린다.

선생님을 도와드리면서 친구들에게도 같이 정리하자고 말한다.

일단 교실에 가서 목을 축인 다음 다시 나온다.

정답은 다음 쪽에서 확인!

정답 ③

학교에는 모두가 함께 쓰는 물건이 참 많아요. 체육관의 공, 화장실의 휴지, 교실의 학용품들처럼요. 정확히 내 물건은 아니지만, 공동으로 함께 사용하는 동안은 우리 모두가 그 물건의 주인이지요. 따라서 다 같이 사용한 공은 모두가 함께 챙기고 정리하는 게 맞아요.

그리고 다른 사람과 함께 쓰는 물건은 다 사용하고 나면 반드시 제자리에 두어야 해요. 그래야 다른 사람이 그 물건이 필요해서 찾을 때 바로 쓸 수 있으니까요. 또 물건이 훼손되거나 고장 나지 않도록 주의하는 것도 잊지 말아요.

자, 그럼 반 친구들이 함께 사용한 많은 공을 선생님 혼자 정리하시게 두면 안 되겠지요? 친구들에게 "얘들아, 우리 같이 정리하자!"라고 말해 보세요. 선생님과 친구들 모두 여러분을 매너 있는 아이로 기억할 거예요.

함께 쓰는 물건 소중히 다루기

다 같이 사용한 물건은 함께 정리해요.

다음에 쓸 사람을 위해 정해진 장소에 가져다 놓아요.

거칠게 다루거나 낙서하지 않아요.

 학교뿐 아니라 동네에도 공원, 운동 시설 등 다 함께 이용하는 공공시설이 많아요. 주민 전체의 재산인 시설을 소중히 다루는 것도 중요한 매너예요.

수업 시간에 재채기랑 기침이 나와요

에, 에, 에취! 아무래도 감기에 걸렸나 봐요. 쉬는 시간, 수업 시간, 점심시간을 가리지 않고 기침과 재채기가 계속 나와요. 어떻게 하면 좋아요?

재채기가 나오지 못하게 막을 수 없으니 큰 소리로 시원하게 한다.

너무 괴롭지만 입을 틀어막고 참는다.

손수건이나 소매로 입과 코를 가리면서 고개를 돌리고 한다.

정답은 다음 쪽에서 확인!

정답 ③

이런, 감기에 걸렸군요! 코감기에 걸리면 재채기가 자꾸 나오고, 목감기에 걸리면 기침이 나와요. 이때 코와 입에서 감기 바이러스가 빠르게 퍼져 나오지요. 따라서 조심하지 않으면 감기 바이러스가 내 주변 사람들에게 옮을 수 있어요. 그래서 손수건이나 소매로 입을 가리고 고개를 돌린 뒤 해야 한답니다.

물론 감기에 걸리지 않아도 나도 모르게 재채기가 나올 때가 있어요. 재채기를 하면 보통 침방울이 많이 튀고 소리가 크게 나오지요. 그러면 주위에 있던 사람들이 놀랄 수 있으니 항상 고개를 돌리고 재채기를 하는 게 좋아요. 이를 위해 평소에도 늘 손수건을 가지고 다니면 좋겠지요?

공공장소에서 기침할 땐 이렇게!

손수건으로 입을 막고 해요.

손수건이 없으면 소매로 막아도 돼요.

손수건이나 화장지를 가지고 다니는 습관을 들여요.

고개를 돌리거나 사람들로부터 조금 떨어져서 해요.

깨알 매너 간혹 손으로 입을 가린 채 기침이나 재채기를 하는 사람이 있어요. 하지만 우리는 손으로 많은 일을 하기 때문에 손바닥에 튄 침은 다른 사람에게 전파될 가능성이 높아요. 따라서 손보다는 소매로 가리고 하는 것이 좋답니다.

선생님 심부름 중에 수업 종이 울렸어요

선생님 심부름으로 준비물실에서 유인물을 챙겨 교실로 돌아가는 중이에요. 그런데 갑자기 수업 시작종이 울리지 뭐예요? 교실로 빨리 돌아가야 하는데! 어쩌죠?

수업에 늦으면 안 되니 교실까지 우다다다 뛰어간다.

교실에 천천히 들어가려고 일부러 느릿느릿 걷는다.

선생님과 친구들이 기다리고 있으니 조금 빠르게 걷는다. (뛰는 건 절대 금지!)

정답은 다음 쪽에서 확인!

정답 3

복도에서는 뛰면 안 된다는 것, 모두 잘 알고 있지요? 그런데 선생님 심부름을 하는 중이거나 아직 화장실에 있는데, 수업 시작종이 울리면 당연히 마음이 급해질 거예요. 하지만 아무리 급해도 학교 복도에서 뛰어다니는 것은 위험해요. 특히 모퉁이를 돌 때 보이지 않던 다른 친구나 선생님과 순식간에 부딪힐 수 있으니, 더더욱 조심해야 하지요. 물론 학교에 불이 나서 빨리 대피해야 하는 위급한 상황이라면 당연히 뛰어야 해요! 그러나 이렇게 특별한 경우가 아니면 절대 뛰지 말고 조금 빠른 걸음으로 걷도록 하세요.

그리고 친구들과 복도 한가운데에 서서 얘기하는 것도 좋은 태도는 아니에요. 다른 친구들이 지나가는 데 방해가 되니까요.

학교 복도에서 지켜야 할 매너

깨알 매너 학교는 많은 친구들과 함께 공부하는 곳인 만큼, 학생으로서 지켜야 할 매너가 많아요. 수업 시작종이 울리기 전에 교실로 들어오기, 바른 자세로 책상에 앉기, 수업 중에 떠들지 않기 등 이 작은 매너들이 지켜질 때 모두가 즐거운 교실이 될 수 있답니다.

10 친구가 음식을 쏟았어요

야호! 오늘 점심 메뉴는 우리가 좋아하는 스파게티예요! 친구와 함께 급식을 받아 식판을 들고 자리로 걸어가요. 그런데 어, 어! 우당탕! 친구가 식판을 바닥에 떨어뜨렸어요! 이럴 땐 어떻게 해야 하죠?

정답

우리는 누구나 실수할 수 있어요. 아무리 조심해도, 때로는 여러 번 실수를 하기도 해요. 실수로 음식을 쏟은 친구는 아마 엄청 당황스러울 거예요. 부끄럽기도 할 테고요. 그럴 때 친구에게 따뜻하게 물어보세요. 다치지 않았는지, 놀라지 않았는지 말이에요. 아마 여러분의 작은 한마디에 친구의 마음이 사르르 풀리면서 편안해질 거예요. 그리고 음식을 깨끗이 치우는 걸 도와주면 더 좋겠지요.

그런데 쏟아진 음식을 치우는 일은 어린이가 하기에 조금 어려울 수 있어요. 그럴 때는 선생님께 알려서 도움을 청해 보세요. "선생님, 친구가 실수로 음식을 쏟았는데 도와주실 수 있으세요?"라고요. 이렇게 따뜻한 마음을 가진 친구를 모른 척하실 선생님은 아무도 없답니다.

곤경에 처한 친구 도와주기

엄청 놀랐겠다.

안 다쳤어?

내가 도와줄게.

나도 실수할 때 많아. 괜찮아.

같이하면 금방 치울 수 있을 거야.

잠깐만. 선생님한테 도와 달라고 말씀드릴게.

깨알 매너 우리는 많은 사람들과 도움을 주고받으며 살아가요. 혼자서는 절대 생활할 수 없지요. 나보다 어려워 보이는 친구가 있다면 손을 내밀어 도움을 주도록 해요.

11 선생님이 설명하시는데 자꾸 말하고 싶어요

신나는 체육 시간, 선생님이 달팽이 놀이를 할 거라고 했어요. 그런데 친구들은 달팽이 놀이를 모르는 것 같았어요. 나는 엄청 잘 아는데! 선생님이 놀이 방법을 설명하시는데, 너무너무 말하고 싶어요! 이럴 땐 어떡하죠?

나 이거 완전 잘 아는데….

선생님의 말을 자르고 끼어든다.

손을 들고 선생님이 이름을 불러 주실 때까지 기다린다. (일단은 선생님 말씀 경청!)

옆 친구에게 달팽이 놀이 방법을 소곤소곤 알려 준다.

정답은 다음 쪽에서 확인!

정답 ②

선생님은 설명하실 때 언제나 큰 목소리로 또박또박 천천히 말씀하세요. 교실에 있는 아이들 모두가 잘 듣고, 잘 이해할 수 있도록 하기 위해서요. 그런데 내가 설명을 들을 필요 없을 만큼 잘 안다고 해서 불쑥불쑥 끼어들거나 아는 척을 하면 어떻게 될까요? 선생님이 준비한 수업을 훼방 놓는 것과 마찬가지예요. 선생님 설명을 듣고 싶은 친구들에게도 피해를 주는 셈이고요. 이렇게 수업 시간에 불쑥불쑥 끼어들거나 나서는 행동은 매너가 아니에요. 그러니 하고 싶은 말이 있을 때에는 손을 들고 선생님께서 나를 봐 주실 때까지 기다리세요. 선생님이 설명을 끝내고 나면 분명 이야기할 수 있는 기회가 있답니다.

수업 중 말하고 싶을 때는 이렇게!

손을 곧게 펴고 높이 들어요.

선생님 눈을 보며 손을 들어요.

하고 싶은 말이 있어도 수업에 방해될 수 있으니 잠시 기다려요.

선생님이 내 이름을 부르면 그때 이야기해요.

 모둠 발표를 할 때 친구들의 의견을 묻지 않고 마음대로 하는 것은 매너가 아니에요. 상대방의 이야기나 의견을 충분히 들어 주는 것도 매우 중요한 태도예요.

12 혼자서 단추 잠그기가 어려워요

셔츠를 입고 단추를 잠그려는데, 아무리 해도 잘 안 돼요. 벌써 다섯 번이나 시도했는데 말이에요. 아무래도 엄마에게 도와달라고 해야겠어요. 어떻게 말하면 될까요?

엄마에게 속상한 마음을 전하면 해결해 주실 것이다.

엄마에게 상황을 설명하고 예의 바르게 부탁한다.

엄마는 내 말을 찰떡처럼 알아들으니, 손가락으로 단추를 가리킨다.

정답은 다음 쪽에서 확인!

정답 2

우리는 모든 일을 다 훌륭하게 해낼 수 없어요. 어른들도 혼자서 해결하지 못하는 일이 얼마나 많은데요! 여러분은 아직 어린이니까 어려운 일이 있을 땐 다른 사람의 도움을 충분히 받아도 된답니다. 다른 사람에게 도움을 요청할 때는 내가 어떤 부분이 어려운지, 어떻게 도와주길 바라는지 정확히 이야기해야 해요. 그래야 내게 꼭 필요한 도움을 받을 수 있어요. 또 나를 도와준 사람의 시간과 노력이 헛되지 않을 테고요. 그리고 "부탁합니다."라는 말을 정중하게 덧붙이면, 도움을 요청받는 사람도 기분이 좋겠지요? 잊지 마세요!

도움을 청하는 예의 바른 말

깨알 매너 누군가에게 부탁을 하기 전에, 먼저 그 사람이 해결할 수 있는 일인지 생각해야 해요. 나의 부탁이 상대방을 난처하게 만든다면 그 또한 예의에 어긋나는 행동이니 조심해야 한답니다.

누나 방에 들어갈 일이 있어요

누나가 방에서 수학 숙제를 열심히 하고 있어요. 나는 숙제를 다 끝내서 이제 아빠랑 보드게임을 할 거예요. 엇! 그런데 보드게임이 누나 방에 있네요? 누나 방에 들어갈 때 어떻게 하면 될까요?

노크하면 누나가 놀랄 수 있으니 조용히 살금살금 들어간다.

가족이니까 방문을 팡! 힘차게 열고 당당히 들어간다.

똑똑! 방문을 노크한 뒤 누나에게 잠깐 들어가도 되는지 물어본다.

정답은 다음 쪽에서 확인!

정답 3

가까운 가족이라도 반드시 노크하는 매너가 필요해요. 방의 주인이 그냥 편히 쉬고 있을 수도 있지만, 매우 중요한 일을 하면서 집중하고 있을 수도 있거든요. 그런 상황에서 내가 갑자기 방문을 벌컥 열어젖히면 방의 주인이 깜짝 놀라겠지요? 또 내가 갑자기 들이닥치는 바람에 일을 망칠 수도 있고요. 따라서 다른 사람의 방에 들어갈 때는 먼저 방문을 가볍게 '똑똑' 두드려야 해요. 내가 곧 안으로 들어갈 거라고 미리 알려 주는 거죠. 동시에 내가 들어가도 괜찮은지 물어보는 의미도 담겨 있어요. 이때 너무 세게 두드리면 상대방이 놀랄 수 있으니 가볍게 똑똑 두드리도록 해요. 학교에서도 교무실이나 보건실에 들어갈 때 노크를 먼저 한다면 매너 있는 어린이라고 칭찬받을 거예요.

다른 사람의 공간에 드나들 때는 이렇게!

가볍게 똑똑 노크해요.
문을 벌컥벌컥 열고 들어가면 안 돼요.

"실례합니다. 잠깐 들어가도 될까요?"
용무를 마치고 나올 때도 문을 조용히 닫아요.

14 하굣길에 갑자기 약속이 생겼어요

수업이 일찍 끝나는 즐거운 수요일! 민수가 놀이터에서 놀자고 하네요. 학원은 3시까지 가면 되니까 한 시간은 놀 수 있어요. 놀이터로 신나게 뛰어가다가 문득 나를 기다리는 엄마 생각이 났어요. 어떻게 해야 할까요?

엄마에게 약속이 생겼다고 말한 뒤 허락을 맡는다.

학원만 늦지 않으면 상관없으니 굳이 엄마에게 알릴 필요 없다.

엄마가 허락하지 않을지도 모르니 핸드폰을 꺼 놓는다.

정답은 다음 쪽에서 확인!

정답

나의 하교 시간이 바뀌면 부모님께 반드시 알려야 해요. 이건 정말 중요하답니다. 부모님은 내가 누구와 어디에서 무엇을 하는지 항상 궁금해해요. 왜냐하면 바로 '안전'과 관련 있기 때문이지요. 학교가 끝나면 당연히 집으로 올 줄 알았던 아이가 아무 연락도 없이 한 시간이나 늦게 온다면, 부모님은 그 시간 동안 온갖 걱정을 하면서 동동거리실 거예요. 그러니 갑자기 약속이 생기거나 다른 일이 생기면 가장 먼저 부모님께 연락하도록 해요. 내가 어디에서 무엇을 할 것인지 알려 드리고, 몇 시까지 들어가겠다고 귀가 시간을 말씀드리세요. 이는 부모님에 대한 아주 기본적인 매너이자 효도랍니다.

약속이 생기면 부모님에게 알리기

평소보다 하교가 늦어질 경우, 부모님에게 어떻게 말할지 빈칸에 써 보세요.

여기 학교 앞에 있는 다람쥐 놀이터예요. 민수랑 같이 있어요.

엄마, 친구랑 조금만 놀다 가도 돼요?

한 시간 뒤에 2시 30분까지 들어갈게요.

잘했다옹~

 친구들끼리 놀 때는 위험한 장소에 가지 않도록 주의하세요. 그리고 부모님과 약속한 시간까지 집에 돌아갈 수 있도록 친구와 노는 틈틈이 시간을 꼭 확인하도록 해요.

15 동생이 밥을 먹으면서 계속 말해요

동생이 오늘 태권도 학원에서 정말 즐거웠나 봐요. 저녁을 먹는 내내 수다가 끊이질 않네요. 그런데 그런 동생의 모습이 좀 불편해요. 이럴 땐 어떻게 해야 하죠?

입안의 음식을 다 씹어 넘긴 뒤에 말하라고 알려 준다.

동생이 하고 싶은 말을 까먹을 수 있으니 그냥 말하게 둔다.

동생이 말하는 사이에 맛있는 반찬을 더 많이 먹을 수 있으니 꾹 참는다.

정답은 다음 쪽에서 확인!

정답 1

밥을 먹을 때 말을 많이 하지 말라던 어른들 말씀을 들어 보았을 거예요. 왜 그런 걸까요? 거기에는 여러 가지 이유가 있어요.

첫째, 입안에 음식을 가득 머금은 채 말하면 다른 사람이 나의 말을 알아듣기 힘들어요. 음식물 때문에 발음이 정확하지 않거든요.

둘째, 다른 사람들 눈에 보기 안 좋아요. 음식물이 입안에서 침과 섞여 잘게 쪼개져 있는 모습은 그다지 아름답지 않거든요. 특히 비위가 약한 사람은 그 모습을 보고 입맛을 잃을 수도 있답니다.

셋째, 말하는 중간에 입안의 음식물이 식탁이나 음식 위로 튈 수 있어요. 내게 감기 바이러스라도 있다면 위생상 결코 좋지 않지요.

그러니 식사 시간에 대화를 할 때는 일단 음식물을 다 삼킨 뒤 이야기하도록 해요. 이러한 작은 매너가 식사 시간을 더욱 즐겁게 만들어 줄 거예요.

식사할 때 지켜야 할 매너

음식을 입에 넣은 채 말하지 않아요.

트림을 하거나 쩝쩝 소리를 내지 않아요.

음식물이 튀지 않도록 입을 다물고 씹어요.

숟가락, 젓가락으로 장난치거나 큰 소리를 내지 않아요.

"이건 싫어." "저건 못 먹어." 하고 편식한 적이 있나요? 좋아하지 않는 음식이라고 무조건 거부하거나 깨작거리면 함께 식사하는 사람들의 기분을 상하게 할 수 있어요. 편식하지 않고 골고루 먹는 식사 매너를 갖추면 좋겠지요?

동생이 방문을 쾅 닫아서 놀랐어요

정말 재미있는 책을 집중해서 읽고 있었어요. 그런데 갑자기 '쾅!' 하고 세게 문이 닫히는 소리가 났어요. 깜짝 놀란 데다 귀도 멍멍했지요. 범인은 바로 동생이었어요. 동생에게 뭐라고 알려 줘야 할까요?

나도 똑같이 문을 세게 닫아서 동생을 깜짝 놀라게 한다. 그러면 동생이 자신의 잘못을 깨달을 것이다.

문을 쾅 닫으면 사람들이 놀라니까 살살 닫아야 한다고 알려 준다.

동생은 아직 어려서 말해도 잘 모를 것이다. 내 귀를 꼭 막고 책을 읽는다.

정답은 다음 쪽에서 확인!

정답 ②

어떤 문은 내가 신경 쓰지 않아도 저절로 살살 닫히지만, 어떤 문은 조심하지 않으면 쾅! 하고 세게 닫혀요. 그러면 주변에 있던 사람들이 깜짝 놀랄 수 있어요. 게다가 누군가가 문 근처에 있거나 지나가던 중이었다면 큰 사고로 이어질 수도 있지요. 문틈에 옷이나 손이 끼는 사고도 생각보다 많이 일어난답니다. 그러니 문을 열고 닫을 때에는 항상 조심해야 해요. 나의 사소한 행동이 다른 사람의 마음을 불편하게 하거나 피해를 줄 수 있으니까요.

그리고 공공장소에서 문을 지날 때 내 뒤를 따라오는 사람이 다치지 않도록 문을 잡아 주는 어른을 본 적이 있을 거예요. 이러한 작은 매너와 배려가 살기 좋은 세상을 만든다는 것, 꼭 기억하세요.

집 안에서 지켜야 할 매너

방문, 현관문을 쾅쾅 닫지 않아요.

냉장고 문을 열고 닫을 때에도 살살!

아파트에 산다면 쿵쿵 뛰지 않아요. (층간 소음 조심!)

주택일지라도 큰 소리로 시끄럽게 떠들며 놀지 않아요. (이웃집에 피해를 주어요.)

 집은 세상에서 가장 편한 곳이지만, 가족이 함께 쓰는 공동 공간이기도 해요. 현관에 신발 가지런히 벗어 두기, 공동 물건 제자리에 가져다 놓기 등 가족 간에 지켜야 할 기본 매너도 잘 알아 두세요.

지하철에서 나이 많은 어른을 만났어요

오랜만에 지하철을 탔어요. 그런데 다음 정거장에서 한 할머니가 큰 가방을 들고 타셨어요. 할머니가 앉으실 자리는 안 보이고, 나도 서서 가면 다리가 아플 것 같아요. 어쩌죠?

나도 다섯 정거장이나 서 있다가 앉았으니까, 조금만 더 있다가 양보한다.

나 말고도 사람이 많으니 누군가 일어나 양보할 것이다.

내가 더 튼튼하니까 나이 많은 할머니께 자리를 양보한다.

정답은 다음 쪽에서 확인!

정답 ③

버스나 지하철을 타면 누구나 편하게 앉아서 가고 싶지요. 사람이 많아서 복잡할 때는 특히나 더 자리를 양보하는 게 아쉬워서 선뜻 일어나기 어려워요. 그리고 설사 양보하고 싶은 마음이 있어도 처음 보는 어른께 "여기 앉으세요!"라고 말하는 건 생각보다 용기가 필요해요. 사실 어른들 중에도 쑥스럽거나 용기가 없어서 자리를 양보할 타이밍을 놓치기도 한답니다.

하지만 우리는 멋지게 용기 내 말해 보아요. "할머니, 여기 앉으세요."라고 말이에요. 나보다 몸이 약하거나 불편해 보이는 사람에게 자리를 양보하면 내 마음도 뿌듯하고, 서로서로 배려하는 마음들이 고스란히 전해져 모두를 기분 좋게 만들어 준답니다.

지하철 이용시 지켜야 할 매너

노인, 임신부, 장애인, 어린아이를 데리고 있는 사람에게 자리를 양보해요.

다리를 모으고 앉아요.

사람들이 모두 내린 뒤 타요.

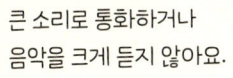

큰 소리로 통화하거나 음악을 크게 듣지 않아요.

멀리 갈 때는 출입문 쪽에 서 있지 말고 안쪽으로 들어가요.

 지하철이나 버스에 사람이 많을 때에는 내 뒤에 선 사람이 불편하지 않도록 책가방이나 배낭을 앞으로 돌려 매도록 해요.

18 콧속이 간지러워서 후비고 싶어요

수학 시간, 열심히 수업을 듣고 있는데 콧속이 간지럽고 답답한 느낌이 들어요. 에구구, 더는 못 참겠어요. 이럴 땐 어떻게 하죠?

콧속이 간지러우면 수업에 집중할 수 없으니 바로 코를 판다.

다른 친구들이 불쾌할 수 있으니 선생님께 말씀드리고 화장실에 가서 해결한다.

코를 파고 싶은 걸 꾹 참기 위해 대신 손톱을 깨문다.

정답은 다음 쪽에서 확인!

정답 2

콧속이 간지러워 코를 시원하게 후비고 싶은 마음이 들 때가 있어요. 하지만 이런 행동은 내 방처럼 나 혼자 쓰는 공간에서 해야 해요. 또는 화장실에 가서 물로 콧속을 씻거나, 휴지를 이용해서 풀어야 하고요. 왜냐하면 이런 행동은 상대방에게 불쾌한 느낌을 주기 때문이에요. 또 손톱을 잘근잘근 씹는 것, 큰 소리로 코를 세게 푸는 것, 꺽꺽 트림을 하는 것도 모두 다른 사람에게 불쾌감을 안겨 주는 행동이에요. 상대방이 싫어하는 행동을 조심하는 마음, 폐를 끼치지 않으려는 마음이 바로 매너랍니다.

참, 아침저녁으로 세수를 할 때 콧속도 깨끗이 씻어 주면 코가 답답하고 간지러운 게 많이 줄어들 거예요!

공공장소에서 지켜야 할 매너

푸에엥!

코를 세게 풀지 않아요.

후비적 후비적

손가락으로 콧구멍을 후비지 않아요.

방귀를 뿡뿡 뀌지 않아요.

학교, 식당 등 공공장소에서 답답하다고 신발을 벗지 않아요.

깨알 매너 많은 사람들이 오가는 인도에서 핸드폰을 보며 걸은 적이 있나요? 혹시 그랬다면 앞으로는 이 행동을 절대 하지 않도록 해요. 누군가와 부딪히는 사고가 날 수도 있고, 다른 사람의 통행을 배려하지 않는 무례한 행동이니까요.

19 동생이 마트에서 뛰어다녀요

오랜만에 온 가족이 다 함께 마트에 갔어요. 맛있는 먹거리를 보니 기분이 엄청 좋아요! 그런데 동생도 신이 나는지 여기저기 마구 뛰어다녀요. 으윽! 정신이 하나도 없어요. 어쩌죠?

그렇게 뛰어다니면 동생도 다른 사람도 모두 위험하다고 말해 준다.

뛰어다니면 다리가 아플 테니 동생을 카트에 태워서 신나게 밀어 준다.

조금 정신이 없지만 사실 나도 너무 신난다. 동생과 같이 뛰어다닌다.

정답은 다음 쪽에서 확인!

정답 ①

마트에 가면 기분이 좋다고요? 맞아요. 온갖 장난감, 사고 싶은 물건들이 가득한 진열대를 보면 눈이 핵핵 돌아가지요. 시식 코너에서는 맛있는 먹거리도 무료로 먹을 수 있으니 콧노래가 저절로 나와요. 하지만 아무리 기분이 좋고 신이 나도 마트에서는 마구 뛰어다니면 안 돼요. 사람들이 끌고 다니는 카트나 곳곳에 쌓여 있는 물건들에 부딪혀 다치기 쉽거든요. 무엇보다 마트는 모든 사람들이 일부러 시간을 내 찾아오는 공공장소예요. 그런데 내가 소란스럽게 행동한다면 그들의 소중하고 즐거운 쇼핑 시간이 엉망이 될 수 있답니다. 그러니 마음대로 뛰어다니고, 장난치고, 카트에 올라타 썰매 타듯이 미끄러지는 위험한 행동은 절대 금물이에요! 마트는 여러분의 놀이터가 아니라는 점, 명심하세요.

마트에서 지켜야 할 매너

카트를 밀며 장난치지 않아요.

카트를 다 쓰고 나면 정해진 장소에 두어요.

야호~ 신난다~

마구 뛰지 않아요. 다른 사람에게 방해가 되거나 피해를 주어요. 무엇보다 내가 다칠 수 있어요.

계산대에서 순서를 지켜요.

깨알 매너 시식 코너에서 많이 먹으려고 욕심을 내거나, 바쁘다고 다른 사람의 카트를 확 밀치며 지나가는 사람들이 있어요. 모두 매너 없는 행동이니, 우리는 그러지 않기로 해요.

20 도서관에서 친구가 시끄럽게 책을 읽어요

오늘은 어린이 도서관에 왔어요. 도서관에 오면 내가 좋아하는 책이 엄청 많아서 늘 기분이 좋아요. 그런데 내 옆에 앉은 친구가 큰 소리로 낄낄거려서 신경 쓰여요. 어떡하죠?

읽고 싶은 책을 스무 권쯤 가져와 옆에 높이 쌓는다. 그러면 친구의 웃음소리가 덜 들릴 것이다.

뭐가 그렇게 재미있는지 물어본다. 나도 같이 책 내용에 대해 즐겁게 이야기한다.

사서 선생님에게 친구가 조용히 책을 볼 수 있도록 말해 달라고 부탁한다.

정답은 다음 쪽에서 확인!

정답 ③

도서관과 독서를 좋아하는, 생각 나무가 튼튼한 어린이군요! 그렇다면 도서관 매너도 잘 알고 있을 거예요. 가장 중요한 매너는 책을 조용히 읽는 거예요. 소란스럽게 소리를 내면 즐거운 책 세상에 푹 빠져 있는 사람들을 방해하는 것이니까요.

그리고 이것저것 읽고 싶은 욕심에 책을 잔뜩 가져와 쌓아 두면 어떻게 될까요? 그 책을 찾던 누군가는 나 때문에 읽지 못할 거예요. 그러니 가장 먼저 읽고 싶은 책 한 권만 가져와야 해요.

마지막으로 다 읽은 책은 원래 자리에 꽂으세요. 도서관의 모든 책들은 제각기 놓여야 하는 자리가 있어요. 그런데 내가 아무 데나 꽂으면 다음 사람이 그 책을 찾을 때 어려움을 겪는답니다. 또는 책 수레에 가져다 놓으면 사서 선생님께서 제자리에 잘 정리해 주실 거예요.

도서관에서 지켜야 할 매너

책은 조용히 읽어요.

도서관에서 뛰어다니거나 친구와 수다를 떨지 않아요.

다 읽은 책은 제자리에 꽂아요.

책에 낙서를 하지 않아요.

찢어지거나 훼손되지 않게 조심히 읽어요.

깨알 매너 책을 대출했다면 다음 사람을 위해 반납 날짜를 꼭 지키도록 해요.

21 순서를 기다리는 게 지루해요

나는 놀이터에서 그네를 제일 좋아해요. 하늘로 슝 올라갔다가 내려올 때 기분이 정말 좋거든요. 그런데 오늘따라 그네를 타려는 친구들이 많네요. 빨리 타고 싶은데, 어떡하면 좋아요?

친구들 몰래 슬쩍 새치기한다.

그네를 타고 있는 친구를 재촉한다.

야! 이제 그만 타. 나 엄청 기다렸다고!

빨리 타고 싶지만, 내 순서가 될 때까지 참고 기다린다.

정답은 다음 쪽에서 확인!

정답 ③

우리는 놀이터 말고도, 줄을 서야 할 때가 참 많아요. 영화관에서 표를 살 때, 급식실에서 식판을 들고 기다릴 때, 선생님께 알림장 검사를 받을 때도 항상 줄을 서지요.

그런데 이렇게 차례를 지켜야 하는 이유는 무엇일까요? 우리는 무슨 일이든 내가 가장 먼저 하고 싶고, 먹고 싶고, 끝내고 싶어 해요. 하지만 순서대로 차례를 지키지 않으면, 모두 빨리하고 싶은 마음이 부딪혀 아수라장이 된답니다. 그래서 차례 지키기가 중요한 거예요. 특히 놀이터에서 놀이 기구 차례를 기다릴 때 조심해야 해요. 새치기를 한다거나 먼저 타겠다고 막무가내로 티격태격하다가 큰 사고가 날 수 있거든요. 그네를 빨리 타고 싶은 마음은 이해하지만, 우리 조금만 매너 있게 차례를 지키도록 해요!

언제 어디서나 차례 지키기

놀이 기구는 함께 사용하는 거예요. 순서를 지켜 타요.
서로 먼저 하겠다고 싸우면 내 차례가 더 늦어져요.
도서관, 병원, 놀이공원, 공연장 등 공공장소에서도 줄 서기는 필수예요.

박물관 관람 중에 친구 전화가 왔어요

과학 박물관에서 책에서만 보던 신기한 로봇을 구경하고 있어요. 그때 로봇을 좋아하는 민수한테서 전화가 왔어요. 로봇에 대해 신나게 이야기하는데 사람들이 다 저를 쳐다보네요. 제가 뭘 잘못한 거죠?

핸드폰 벨소리와 통화 목소리가
너무 커서 사람들의 관람을 방해했다.

내가 아니라 내 옆에 전시된 로봇을
보고 있는 것이다.

사람들도 내가 민수와 무슨 얘기를
하는지 궁금해서 듣고 있다.

정답은 다음 쪽에서 확인!

정답 ①

박물관이나 영화관처럼 여러 사람이 모이는 공공장소에서는 핸드폰을 진동 모드로 하는 것이 좋아요. 큰 벨소리는 다른 사람을 깜짝 놀라게 할 수 있고 관람을 방해하기 때문이에요. 그리고 여러분의 이야기는 다른 사람에게 전혀 재미있지 않고 관심도 없기 때문에 어찌 보면 고로운 소음이나 다름없어요. 그러니 사람들의 눈살이 찌푸려질 정도로 크게 통화하는 것은 절대 하지 마세요. 급한 일이 있어서 꼭 통화해야 한다면 작은 목소리로 짧게 하도록 해요. 요즘에는 어린이들도 대부분 핸드폰을 가지고 있지요. 핸드폰의 편리함을 누리려면, 모두가 핸드폰 매너를 지키는 것이 중요해요. 내가 핸드폰을 쓸 때 다른 누군가에게 큰 피해를 준다면, 핸드폰을 자주 그리고 마음 편하게 사용하기 어려울 테니까요.

꼭 알아야 할 핸드폰 매너

공공장소에서는 핸드폰을 진동 모드로 해요.

공공장소에서는 큰 소리로 통화하지 않아요.

핸드폰을 너무 많이 사용하면 중독될 수 있으니 정해진 시간에만 사용해요.

문자나 채팅을 주고받을 때 오해를 살 만한 말을 남기지 않아요.

깨알 매너 요즘 SNS를 하지 않는 친구는 거의 없을 거예요. 인터넷 커뮤니티, 인터넷 메신저, 소셜 게임 채팅창 등을 통해 얼굴도 모르는 사람과 소통하는 경우가 많아졌지요. 얼굴이 보이지 않는다고 함부로 행동하지 말고 SNS에서도 매너를 갖추도록 해요.

엘리베이터에서 앞사람이 안 내려요

6층에 있는 미술 학원에 가려고 엘리베이터를 탔어요. 그런데 오늘따라 엘리베이터에 사람이 꽉 찼네요. 엇! 6층에서 문이 열렸는데 앞에 선 사람이 내리지 않아요. 어쩌죠?

앞사람을 세게 밀치고 빠져나온다.

그냥 타고 있다가 사람들이 다 내리면 다시 6층으로 간다.

우물쭈물 발을 동동 구른다. 그러면 누군가가 도와줄 것이다.

앞사람에게 양해를 구하고 내린다.

정답은 다음 쪽에서 확인!

정답 ④

사람들로 가득 찬 엘리베이터나 버스, 지하철을 타 본 적이 있을 거예요. 당장 내려야 하는데 사람이 너무 많아서 한 발짝도 움직이기 힘든 상황에 처하면 정말 난감하지요. 이럴 때는 주변 사람들에게 분명한 목소리로 "저 먼저 내릴게요." 하고 말해야 해요. 우물쭈물 발을 동동 구른다고, 무작정 세게 밀친다고 사람들이 비켜 주진 않거든요.

반대의 경우도 생각해 볼까요? 누군가가 "저 먼저 내릴게요."라고 말한다면, 그 사람이 안전하게 내릴 수 있게 살짝 몸을 틀어 길을 만들어 주세요. 이는 다른 사람을 배려하는 매너인 동시에 우리 모두가 다치지 않고 안전하게 생활할 수 있는 방법이랍니다.

복잡한 공간에서 지켜야 할 매너

모두가 불편한 상황인 만큼 서로 배려하는 마음을 가져요.
급하게 내리면서 주변 사람을 밀거나 부딪히지 않도록 조심해요.
통로나 출입문을 가로막지 않아요.

친구가 문구점 물건을 마구 흩뜨려요

공책을 사러 문구점에 갔어요. 문구점에는 학용품 말고도 작고 귀여운 물건들이 많아서 구경만 해도 신나요. 어? 그런데 한 친구가 이것저것 구경하면서 물건을 마구 흩뜨려요. 이럴 때 어떻게 해야 할까요?

충고하고 싶은 마음을 꾹 누르고 공책만 사서 얼른 나온다. 저런 말썽꾸러기는 피해야 한다.

진열된 물건은 판매하는 제품이니 조심히 다루어야 한다고 알려 준다.

문구점 직원이 정리할 것이니 신경 쓰지 않아도 된다. 나도 물건을 이것저것 다 꺼내서 구경한다.

정답은 다음 쪽에서 확인!

정답 2

우리 주변에는 문구점 말고도 과일 가게, 옷 가게, 화장품 가게, 편의점 등 물건을 보기 좋게, 찾기 편하게 진열해 놓은 가게들이 아주 많아요. 이처럼 가게의 사장님이나 직원들이 정성스럽게 물건을 진열하기 때문에 편리하게 물건을 고르고 살 수 있지요. 그런데 이렇게 진열된 물건을 구경하고 난 뒤 아무 데나 두거나 함부로 다루면 어떻게 될까요? 누군가에게 판매되기도 전에 흠집이 생기고 파손된다면 팔 수 없는 물건이 돼요. 그래서 진열된 물건들을 조심히 다루어야 한답니다. 특히 깨지기 쉬운 물건이라면 모두의 안전을 위해 더더욱 조심해야겠지요?

쇼핑할 때 지켜야 할 매너

구경한 물건은 제자리에 두어요.

주인이 없는 무인 가게라도 물건 값을 정직하게 계산해요.

계산하기 전에 포장을 뜯거나 사용하면 안 돼요.

깨알 매너 먹거리를 쇼핑할 때는 특히 더 신경 써야 해요. 누군가 과일이 잘 익었는지 마구 두드리고 푹푹 찌른다면, 나라도 그 과일은 사고 싶지 않을 거예요. 또 제과점에서 집게 대신 손으로 빵을 집는 것도 위생에 좋지 않으니 이런 행동은 절대 하지 않기로 해요.

영화관에서 뒷자리 친구가 의자를 차요

오랜만에 영화관에 갔어요. 실내가 점점 어두워지고 드디어 영화 시작! 응? 그런데 의자가 퉁퉁 흔들려요. 뒤에 앉은 친구가 내 의자를 발로 차지 뭐예요? 이럴 땐 어떻게 해야 하나요?

영화를 보는 데 방해가 되니 의자를 차지 말라고 조용히 부탁한다.

자리에서 벌떡 일어나 큰 소리로 고래고래 따진다.

상관없다. 나도 다리가 불편해서 앞 좌석을 발로 탁탁 치곤 하니까 괜찮다.

정답 1

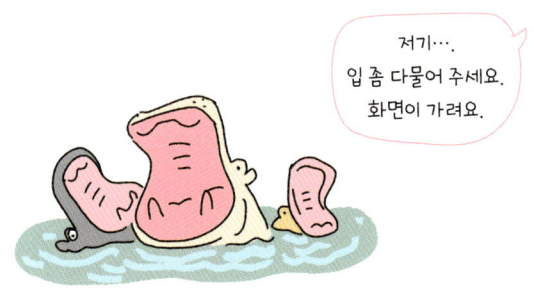

극장에 가서 영화를 보면 텔레비전보다 화면이 커서 훨씬 재미있게 느껴지고, 소리와 음악도 정말 생생하지요. 이처럼 우리는 즐거운 시간을 기대하며 영화관을 찾아요. 그런데 누군가 내 의자를 발로 차면 영화에 집중하기 어려워요. 기분 좋게 영화관에 와서 괜히 마음이 팍 상하게 되지요. 아마 뒷사람은 여러분을 괴롭히기 위해 일부러 그러는 건 아닐 거예요. 자신도 모르는 사이 실수하고 있을 가능성이 매우 높아요. 그러니 솔직하고 정중하게 부탁해 보세요. 의자를 발로 차면 자꾸 신경이 쓰여 영화를 보기 어렵다고요.

그리고 핸드폰을 자꾸 켜서 밝은 화면을 노출하는 것, 큰 목소리로 떠드는 것, 코를 골며 자는 것 등도 다른 사람의 즐거운 문화 생활을 방해하는 거예요. 꼭 기억했다가 다른 사람을 불편하게 하는 행동은 하지 않도록 해요.

영화관에서 지켜야 할 매너

앞 좌석을 발로 차지 않아요.

신발을 벗고 의자에 발을 올리지 않아요.

영화를 보는 동안에는 핸드폰을 꺼 두어요.

냄새가 심한 음식을 먹지 않아요.

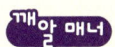
영화, 연극, 뮤지컬 등을 관람하다 보면 너무 재미있어서 큰 소리로 웃거나 박수를 치는 등 나도 모르게 행동이 커질 때가 있어요. 하지만 이는 다른 사람들의 관람을 방해하는 거예요. 그러니 큰 목소리를 내거나 자리에서 일어나는 등의 행동을 하지 않도록 조심해 주세요.

나의 매너는 몇 점?

여러분은 평소 장소와 상황에 맞게 매너를 잘 지키고 있나요?
오른쪽 질문 중에 자신에게 해당되는 것을 체크해 보세요.
간단한 테스트를 통해 평소 나의 태도와 행동을 돌아볼 수 있답니다.

0~3개
멋져요!

짝짝짝, 박수!
주변 사람들의 상황을 배려하고 깊이 공감해 주는 매너 멋쟁이군요.

4~7개
잘하고 있어요!

기본적인 매너를 갖추고 있지만, 종종 실수하는 경우도 있네요. 조금만 더 노력하면 완벽한 매너 멋쟁이가 될 거예요.

8~11개
위험해요!

삐빅! 경고!
여기서 더 선을 넘으면 모든 사람들이 곁을 떠날 거예요. 우리는 절대 혼자서 살 수 없어요. 다 함께 즐겁게 살아가려면 매너를 배우고 몸에 익혀야 한답니다. 꼭 기억하세요.

12~15개
깊이 반성하세요!

정말 안타깝네요.
내 기분과 입장만 중요하게 여기는 태도 때문에 주변 사람들이 큰 상처를 받고 불편을 겪고 있어요. 지금부터라도 매너를 갖추도록 노력하세요!

- ☐ 점심 급식을 빨리 먹기 위해 복도를 우당탕탕 뛰어간다.
- ☐ 잠들기 전에 부모님께 인사하지 않고 방으로 쏙 들어간다.
- ☐ 거리에서 우연히 아는 사람이나 친구를 봐도 모른 척 지나친다.
- ☐ 놀이터에서 순서를 기다리기 싫어서 종종 새치기를 한다.
- ☐ 하교 후 부모님에게 연락도 없이 친구들과 신나게 논다.
- ☐ 콧속이 간지러우면 장소에 상관없이 코를 팽팽 푼다.
- ☐ 편의점에서 간식을 살 때 물건을 이것저것 만지고 헤집는다.
- ☐ 영화 관람 중에 전화가 오면 급한 일일 수 있으니 무조건 받는다.
- ☐ 친구와 내가 서로 잘못한 경우에는 절대 사과하지 않는다.
- ☐ 지하철에 사람이 많을 때는 앞사람을 밀면서 내린다.
- ☐ 동생 방에 들어갈 때는 굳이 노크하지 않는다.
- ☐ 넓은 마트에서는 마음껏 뛰어다니는 편이다.
- ☐ 고맙다는 말이 낯간지럽고 쑥스러워서 잘 하지 않는다.
- ☐ 내가 몸이 힘들면 버스에서 어른에게 자리를 양보하지 않는다.
- ☐ 입에 음식물이 있는 채로 이야기하는 편이다.

알아 두면 좋은 나라별 매너

각 나라마다 예로부터 이어져 온 고유의 매너가 있어요. 서로의 매너를 이해하고 존중하는 것은, 글로벌 시대를 살아가는 우리 모두에게 꼭 필요한 태도랍니다.
각 나라의 풍습과 문화, 생활 양식을 엿볼 수 있는 나라별 매너를 함께 알아볼까요?

불가리아
불가리아에는 우리에게 무척 헷갈리는 몸짓(제스처)이 있어요. 고개를 끄덕이는 행동은 'NO', 고개를 젓는 행동은 'YES'를 뜻한다고 해요. 반대로 행동하지 않도록 조심해야겠지요?

영국
사진을 찍을 때 손가락으로 V자를 많이 하는데, 영국에서는 손등이 본인에게 보이도록 해야 해요. 상대방에게 손등이 보이는 V자 포즈는 아주 심한 욕이랍니다.

러시아
물건이나 방향을 가리킬 때 손가락을 쓰면 안 돼요. 러시아에서는 손가락질을 위협의 의미로 받아들인다고 해요. 따라서 손을 펴서 방향을 가리키는 것이 가장 좋아요.

일본
일본에서는 밥을 먹을 때 젓가락을 밥공기에 꽂으면 안 돼요. 죽은 사람에게 하는 의식이기 때문이에요.

호주
밖에서 술을 마시면 안 돼요. 법으로 금지되어 있거든요. 바깥에서 술병을 들고 다니는 것도 하지 말아야 할 행동이에요.

프랑스
프랑스에서는 조용히 식사하는 것을 무례하게 생각해요. 또 식사할 때 손을 무릎에 올려 두는 것도 피해야 할 행동이지요. 테이블 위에 팔을 올리는 것이 매너래요.

| 중국 |  중국에서는 화려한 붉은색과 황금색을 좋아해요. 반면, 흰색과 검은색은 죽음을 뜻해서 불길하다고 여겨요. |

| 태국 | 몸의 가장 높은 곳에 있는 머리를 신성하게 생각해요. 그래서 머리를 만지면 매우 불쾌해하지요. 그러니 어린아이의 머리를 쓰다듬는 것도 하면 안 돼요. |

| 베트남 | 어깨에 그 사람의 수호신이 있다고 여겨요. 그래서 어깨를 치거나 건드리는 것을 무례하다고 생각해요. 베트남에서는 친구끼리 하는 어깨동무도 절대 금물이에요. |

| 인도네시아 |  이슬람 사원에 들어갈 때 샌들이나 노출이 있는 옷은 피하세요. 말레이시아, 이집트 등 이슬람 국가의 종교 유적지를 방문할 때도 마찬가지예요. |

| 인도 | 인도에서는 소가 매우 신성한 동물이에요. 그래서 소고기를 먹지 않고, 소가죽 제품도 사용하지 않아요. 인도에서 소고기 요리나 소가죽 제품을 찾는 것은 예의에 어긋난답니다. |

| 멕시코 | 멕시코 원주민들과 사진을 찍고 싶다면 미리 허락을 구해야 해요. 사진을 찍으면 영혼을 빼앗긴다고 믿기 때문이에요. |

| 미국 | 악수를 할 때 상대방의 눈을 바라보아야 해요. 눈을 마주치지 않으면 진실하지 않은 사람, 자신을 무시하는 사람으로 오해받을 수 있어요. |

| 독일 | 술이나 물을 따를 때 잔에 닿지 않도록 주의해야 해요. 또 상대방의 잔을 대신 채워 주는 것은 어린아이 취급을 한다고 여기므로 절대 하지 말아야 할 행동이에요. |

초등 교과 연계

국어 1-1 5.다정하게 인사해요
국어 1-2 6.고운 말을 해요
국어 2-1 10.다른 사람을 생각해요
국어 2-2 10.칭찬하는 말을 주고받아요
국어 5-1 1.대화와 공감

여름 1-1 3.우리는 가족입니다
가을 1-2 1.내 이웃 이야기
도덕 3   1.나와 너, 우리 함께
도덕 3   5.함께 지키는 행복한 세상
도덕 4   2.공손하고 다정하게